HAMBURGER WOHLFÜHLMORGEN

„Die Würde des Menschen ist unantastbar.
Sie zu achten und zu schützen ist Verpflichtung aller staatlichen Gewalt."

HAMBURGER WOHLFÜHLMORGEN

Es gibt ihn erst seit März 2010, und dennoch ist er bereits zu einer Institution geworden: der Hamburger Wohlfühlmorgen für Wohnungslose und Arme.

Der Wohlfühlmorgen ist ein ganz besonderer Festtag für Körper, Geist und Seele. Viele Menschen, die es im Alltag nicht leicht haben, sollen sich zumindest für einen Vormittag wie ein König fühlen. Beim Wellness-Tag können sie zahlreiche Angebote kostenlos nutzen, und gleichzeitig werden ihnen so Respekt, Achtung sowie menschliche Wärme entgegengebracht.

Aber was wäre der Hamburger Wohlfühlmorgen ohne das Engagement der vielen ehrenamtlichen Helferinnen und Helfer? Rund 100 Ehrenamtliche, darunter etwa 30 Schülerinnen und Schüler, engagieren sich bei diesem Projekt. Sie halten eine kostenlose Massage oder Fußpflege vor, schneiden die Haare, bieten eine zahnärztliche Versorgung an oder servieren den Gästen ein ganz besonderes Frühstück.
Die zahlreichen ehrenamtlich Engagierten sind das Herzstück des Projektes. Sie berühren mit ihrem Angebot die Herzen der Notleidenden, sie geben gerne ihren freien Samstagvormittag und setzen so ein wichtiges Zeichen der Nächstenliebe und der gesellschaftlichen Verantwortung.
Als mich die katholischen Verbände fragten, ob ich die Schirmherrschaft für den Hamburger Wohlfühlmorgen übernehmen möchte, war ich von der Idee des Projektes begeistert und habe sehr gerne zugesagt.

Beim Besuch eines Wohlfühlmorgens war für mich die besondere Atmosphäre gleich spürbar. In der Pausenhalle der Sankt-Ansgar-Schule frühstückten gleichzeitig rund 250 Personen, und dennoch war es weder hektisch noch laut. Viel mehr herrschte eine Stimmung der großen Zufriedenheit und der Dankbarkeit. Für wenige Stunden war es ein Ort der Glückseligkeit.

Ich möchte die Gelegenheit nutzen, um insbesondere den Ehrenamtlichen und den zahlreichen Sponsoren für ihr Engagement zu danken. Ohne ihre Hilfe würde es keinen Hamburger Wohlfühlmorgen geben, und nur Dank ihrer Unterstützung können die katholischen Einrichtungen in Hamburg dieses einmalige Angebot vorhalten: Herzlichen Dank!

Ihr Weihbischof Dr. Hans-Jochen Jaschke

MENSCHENBILDER

Der Hamburger Wohlfühlmorgen in der Sankt-Ansgar-Schule ist ein beeindruckendes Projekt für Wohnungslose und Arme.
Mit dieser Aktion wollen die Initiatoren arme und obdachlose Menschen unterstützen. Sie wollen ihnen helfen und ihnen Gutes tun, direkt und unkompliziert. Und ihnen den Respekt erweisen, den sie verdienen. Es geht darum, ihnen eine kleine Auszeit zu geben, eine Zeit des Wohlfühlens und Genießens – körperlich, kulinarisch, emotional und geistlich.

Seit März 2012 hatte ich bei drei Veranstaltungen die Möglichkeit, Gäste des Hamburger Wohlfühlmorgens portraitieren zu dürfen. Es war mir eine große Freude! Und es hat mich sehr berührt, wie sehr diese Menschen diese Momente der (Be-)Achtung geschätzt haben. Dafür danke ich ihnen.

Auch die Reaktionen auf die Fotos, die ich den von mir Portraitierten einige Wochen später zuschickte – selbst gestaltete Postkarten, eigene Gedichte und dankbare Anrufe – haben mich tief bewegt. Das hat einmal mehr gezeigt, wie gut es jedem Menschen tut, ein positives Menschenbild von sich zu haben.

Jutta Spohrer

„Liebe deinen Nächsten wie dich selbst."

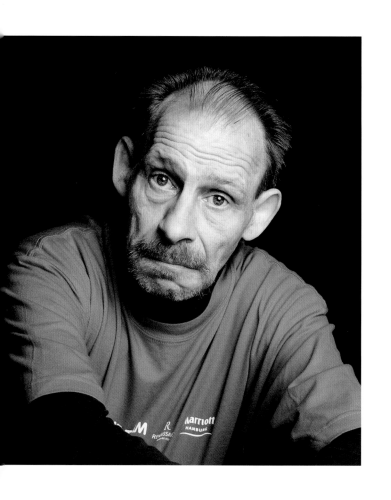

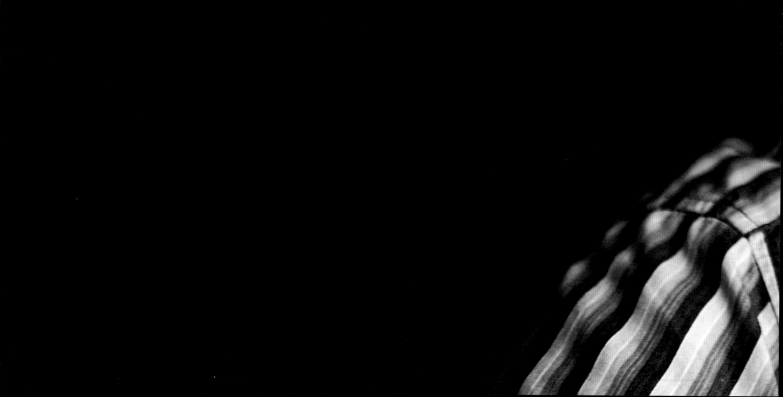

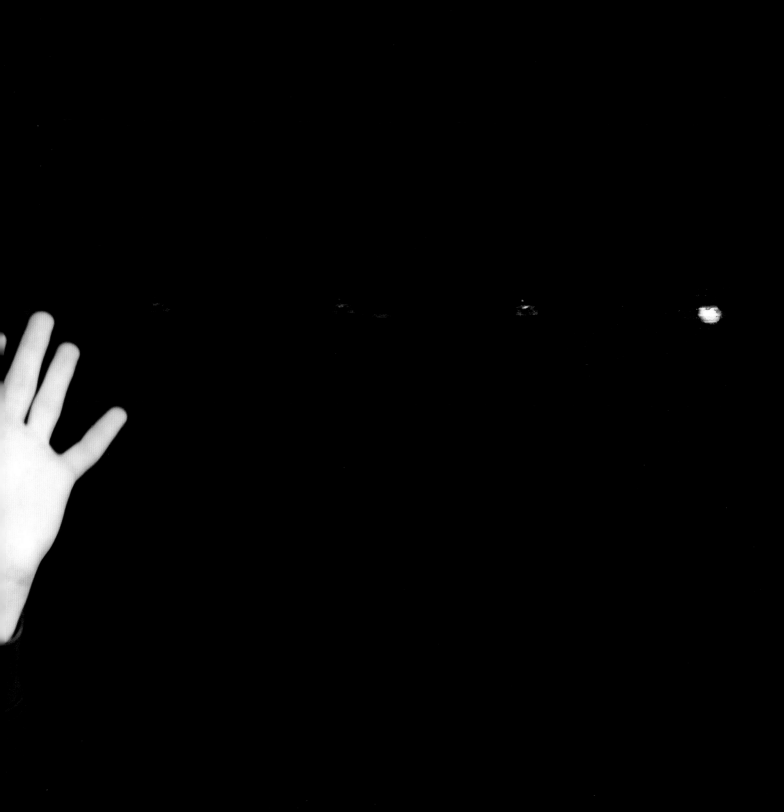

Was keiner wagt, das sollt Ihr wagen
was keiner sagt, das sagt heraus
was keiner denkt, das wagt zu denken
was keiner anfängt, das führt aus

Wenn keiner ja sagt, sollt ihr's sagen
wenn keiner nein sagt, sagt doch nein
wenn alle zweifeln, wagt zu glauben
wenn alle mittun, steht allein

Wo alle loben, habt Bedenken
wo alle spotten, spottet nicht
wo alle geizen, wagt zu schenken
wo alles dunkel ist, macht Licht

(Lothar Zenetti)

Aus: Lothar Zenetti, Auf Seiner Spur. Texte gläubiger Zuversicht
© Matthias Grünewald Verlag der Schwabenverlag AG, Ostfildern 2011
www.verlagsgruppe-patmos.de

Der Abdruck erfolgt mit freundlicher Genehmigung des Verlags.

HAMBURGER WOHLFÜHLMORGEN

Fakten – Zahlen – Hintergründe

- Warum gibt es den Hamburger Wohlfühlmorgen?
- Wie es zu den Portraits kam
- Erfahrungsberichte
- Schülerstimmen
- Pressestimmen
- Veranstalter & Förderer

WARUM GIBT ES DEN HAMBURGER WOHLFÜHLMORGEN?

Hamburg ist eine Metropole, die leider auch reich an Armut ist. Wussten Sie, dass über 100.000 Familien, darunter knapp 52.000 Kinder, in Hamburg von Hartz IV leben? Dass in unserer schönen Stadt etwa 4.000 wohnungslose Menschen sich Tag für Tag durchs Leben kämpfen? Und wer kein Dach mehr über dem Kopf hat, verliert ganz schnell den Boden unter den Füßen!

Unser Aktionsbündnis, bestehend aus der Alimaus (Hilfsverein St. Ansgar), der Caritas, dem Malteser Hilfsdienst, der Sankt-Ansgar-Schule und dem Sozialdienst Katholischer Frauen, kann zwar mit der Veranstaltung eines Wellnesstages für Leib und Seele nicht das Problem der Armut in unserer Stadt lösen. Aber wir setzen Zeichen und schaffen Oasen der Hoffnung. Obdachlose und arme Menschen erfahren so, dass sie nicht allein sind und dass wir sie nicht vergessen haben.

Deshalb veranstalten wir seit fünf Jahren zwei Mal im Jahr einen „Wohlfühlmorgen für Wohnungslose und Arme". Dinge, die für Sie, liebe Leserinnen und Leser, vermutlich alltäglich sind, werden den Gästen von rund 100 Ehrenamtlichen (darunter etwa 30 Schülerinnen und Schüler) geschenkt.

Dazu zählen: ein leckeres, gesundes und reichhaltiges Frühstück, eine ausgiebige warme Dusche, Massage, Zeitungen und Zeitschriften zum Schmökern, ein neuer Haarschnitt, Maniküre, Pediküre, Live-Musik, Akupunktur, (tier-)ärztliche Versorgung, Seelsorge,

PROJEKT
WOHL
FÜHL
MORGEN

Sozial- und Rechtsberatung, Portraitfotos, gastliche Dekoration, persönliche Zuwendung und am allerwichtigsten: menschliche Wärme!

Inzwischen haben nahezu 3.000 Gäste unseren Wohlfühlmorgen als Urlaub von der Straße und der Armut genutzt. Mehr noch als der nach wie vor wachsende Zuspruch bestätigen uns die Freude und Dankbarkeit in den Gesichtern unserer Besucherinnen und Besucher, dass wir mit diesem Angebot genau richtig liegen. Gleichzeitig erleben unsere Helferinnen und Helfer trotz aller Anstrengungen die positive Erfahrung, Gutes getan zu haben. Die Durch- und Fortführung dieser Brücken bauenden Veranstaltung ist ohne die sehr vielen Zeitspender, Unterstützer und Sponsoren gar nicht möglich. Deshalb dafür an dieser Stelle ein ganz herzliches Dankeschön!

Jutta Spohrer hat mit ihren Fotos die besondere Situation, die Erwartungen, Ängste und die Freude unserer Gäste ausdrucksstark eingefangen.

Wir wünschen Ihnen, dass Sie mit ausreichend Zeit beim Lesen, Betrachten, Schmökern und Staunen das Außergewöhnliche des Wohlfühlmorgens spüren.

Josephin v. Spiegel
Sozialdienst Katholischer Frauen
e.V. Hamburg-Altona

Pater Dr. Karl Meyer OP
Alimaus / Hilfsverein
St. Ansgar e.V.

Maria-Theresia Gräfin v. Spee
Caritasverband
für Hamburg e.V.

Friedrich Stolze
Sankt-Ansgar-Schule

Andreas Damm
Malteser Hilfsdienst e.V.

BEWEGENDE PORTRAITS

Am Freitag, 30. März 2012, rief Christoph Schommer, Pressesprecher des Katholischen Schulverbands, meine Frau Jutta Spohrer an, ob sie am nächsten Tag kurzfristig Pressefotos vom 5. Hamburger Wohlfühlmorgen in der Sankt-Ansgar-Schule machen könne. Der Zeitungsfotograf hätte soeben abgesagt. Sie sagte zu. Meine Frau machte Aufnahmen von den Vorbereitungen, den Helfern. Dann der Start. Viele interessante Gesichter mit vielen ganz eigenen Geschichten. Atmosphäre einfangen, Kontakt aufnehmen. „Darf ich ein Foto von Ihnen machen?" Ich assistierte, war sprachlos: „Wie machst Du das nur? Ich würde mich nie trauen, die anzusprechen."

Dann neben uns: Pater Dr. Karl Meyer im Gespräch mit einem Gast. Was heißt Gespräch – die Dame war aufgelöst. Man habe ihr gesagt, sie könne hier Bewerbungsfotos machen lassen. Darauf habe sie sich verlassen, davon hinge ihre berufliche Zukunft ab. Und nun? Wieder Tränen. Wir boten spontan Hilfe an. Im Auto hatten wir noch das mobile Studio meiner Frau mit Leuchten, Reflektoren, Stativen, Hintergrund. Das könnten wir doch aufbauen und dann Bewerbungsfotos schießen? Ein Strahlen ging über das eben noch verweinte Gesicht. Die Rettung!

Eine Rückfrage bei den Veranstaltern stieß zunächst auf Skepsis („Meinen Sie, da lässt sich einer fotografieren?") – und dann auf Zustimmung („Da können wir ja sofort helfen!"). Wir improvisierten auf einem Treppenabsatz und hatten im Nu das „Studio" einsatzbereit. Am Ende der Veranstaltung hatten sich 46 Gäste fotografieren lassen und dafür gern auch mal etwas Wartezeit in Kauf genommen. Einhellige Meinung: „Sie kommen doch nächstes Mal wieder, oder?"
Ja, das kamen wir. Und dieses Mal ließen sich 74 Gäste portraitieren – von denen 70 zustimmten, dass wir ihr Portrait veröffentlichen dürfen. Es würde sie sogar sehr freuen: „Am liebsten in einem Buch!"

Während die Gäste aufs Fotografieren warteten, notierte ich deren Namen und Adressen und unterhielt mich angeregt mit ihnen. Meine anfängliche Distanz war über-

„Meinen Sie, da lässt sich einer fotografieren?"

wunden. Es entwickelten sich spannende Gespräche, und mir wurde bewusst, wie schnell es einen manchmal „erwischen" kann.

Das Wiedersehen bei den folgenden Wohlfühlmorgen war für uns alle eine große Freude – „Ich habe mich extra hübsch fürs Fotografieren gemacht!" – „Diesmal knipsen Sie bitte auch ein Foto von meiner Frau und mir!" – „Das Bild von uns hat einen Ehrenplatz in unserem Wohnzimmer bekommen; es ist das schönste, das je von uns gemacht wurde."

Matthias Maschlanka

PRESSESTIMMEN

Hinz&Kunzt / „Die Seele baumeln lassen"

„Ein ausgiebiges Frühstück, dann eine heiße Dusche, in frisch gewaschene Klamotten schlüpfen und ein Stündchen in Zeitschriften schmökern: Das tut im Winter nicht nur den durchgefrorenen Gliedern, sondern auch der Seele gut."

Daniel Lager, Malteser, Ehrenamtlicher, ZDF heute / „Purer Luxus"

„Ich glaube, keiner von denen, die hier sitzen, hat oft im Leben die Gelegenheit, bedient zu werden, dass jemand an den Tisch kommt, ihnen einen Kaffee einschenkt und das Brötchen reicht. Das sind einfach die Kleinigkeiten, die wir hier machen, die sehr gut ankommen. (...) Ich gehe nach so einem Tag sehr erfüllt wieder nach Hause. Das hier bringt mich tatsächlich doch ein ganzes Stückchen weiter."

Hamburger Abendblatt / „Wellness-Tag für Obdachlose mit Pediküre und Co."

„Bedient und verwöhnt zu werden, das erlebt Gunter, 48, sonst nie. Er ist seit acht Jahren obdachlos und lebt von Hartz IV und in einer Wohnunterkunft. Hier an den mit weißen Tüchern gedeckten 37 Tafeln in der Pausenhalle der Sankt-Ansgar-Schule in Borgfelde dürfen Gunter und fast 400 andere bedürftige Menschen nach mehr Butter für ihre Brötchen verlangen. Wie in einem Restaurant. So ist das beim ‚Hamburger Wohlfühlmorgen für Obdachlose und Arme'."

Hamburger Morgenpost / „Einmal König sein"

„Häufig sind sie unerwünscht. Und selbst wenn niemand bei ihrem Besuch die Nase rümpfen würde, könnten sie sich Friseur, Pediküre oder Akupunktur nicht leisten. Am vergangenen Sonnabend war das anders. Obdachlose waren zum ‚Hamburger Wohlfühlmorgen' geladen – und durften es sich gut gehen lassen. (...) Um 13 Uhr war Schluss, viele Obdachlose verabschiedeten sich mit Handschlag und glänzenden Augen. ‚Ich habe mich heute gefühlt wie ein König', sagte ein Mann."

Die Welt / „‚Wohlfühlmorgen' für Obdachlose gesichert"

„Das Hamburger Spendenparlament hat sich für die Förderung des ‚Hamburger Wohlfühlmorgens' für obdachlose und arme Menschen ausgesprochen. Das bedeute eine finanzielle Sicherheit für die nächsten beiden Veranstaltungen sowie eine große Wertschätzung für das Kooperationsprojekt."

Sat.1 Hamburg / „Bedürftige genießen ‚Hamburger Wohlfühlmorgen' "

„Ein ausgiebiges Frühstück, anschließend Massage und vielleicht noch zur Maniküre – klingt nach einem perfekten Start in den Tag. Doch es gibt viele Menschen, die sich nicht mal ein belegtes Brötchen am Morgen leisten können. Am Wochenende hatten in Hamburg genau diese Menschen Gelegenheit, sich von Kopf bis Fuß verwöhnen zu lassen. Beim Wohlfühlmorgen für Arme und Obdachlose der Hansestadt. Ganz umsonst dank ehrenamtlicher Hilfe."

DIE STATIONEN

Frische Brötchen, Croissants, Müsli, Obstsalat und Muffins – für Menschen, die von Hartz IV leben oder gar obdachlos sind, ein ganz besonderes Frühstückserlebnis. Wenn sie dann anschließend die vielfältigen Stationen besuchen, ob kostenlose Massage, Maniküre oder Frisurbesuch, ist der „Wellnesstag für Leib und Seele" perfekt. Bei jedem Hamburger Wohlfühlmorgen nutzen mittlerweile über 400 Personen das Angebot für Wohnungslose und Arme in der Sankt-Ansgar-Schule. Und die einhundert Ehrenamtlichen tun alles dafür, damit es ihren Gäste einmal so richtig gut geht.

- Frühstücksbuffet
- Friseur
- Maniküre/Pediküre
- Akupunktur
- Massage
- Zahnmobil/Zahnarzt
- Krankenmobil/ Allgemeinarzt
- Tierarzt
- Seelsorge
- Sozial- und Rechtsberatung
- Portraitfotos
- Live-Musik
- Kulturloge
- Zeitungen & Zeitschriften
- Energiespar-Check
- Seifen & Socken
- Kleiderausgabe
- Duschen

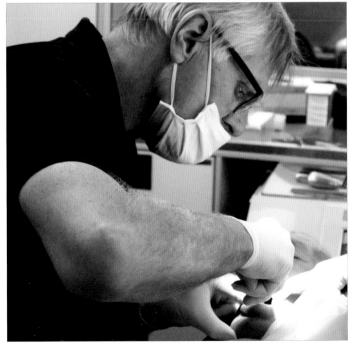

NUTZER ZAHLEN EINES WOHLFÜHL MORGENS

55 x FRISEUR DAMEN

51 x FRISEUR HERREN

15 x SOZIAL- UND RECHTSBERATUNG

69 MANIKÜREN/PEDIKÜREN

74 PORTRAITS

30 MASSAGEN

20 x ALLGEMEINARZT

13 x ZAHNARZT

15 x DUSCHEN MÄNNER

8 x DUSCHEN FRAUEN

350 SEIFEN

32 KLEIDERAUSGABEN

26 x TIERARZT
(21 Hunde, 3 Kaninchen, 2 Katzen)

FLURGESPRÄCHE

Samstag, 11:00 Uhr. Im Flur vor den Klassenzimmern sind alle Stühle besetzt. Jeder hat eine Wartenummer erhalten und wartet geduldig, bis er an der Reihe ist. Wir gesellen uns dazu und möchten ein paar Stimmen einfangen. Wie sie vom Wohlfühlmorgen erfahren haben, welches Angebot am schönsten ist – so in der Art.

Wir sprechen Sylvia an. Sie ist vielleicht Mitte 60 und erzählt, dass sie das erste Mal hier sei. Sie wirkt ein wenig unsicher, fast schüchtern, und möchte auch nicht, dass das Gespräch aufgezeichnet wird. Zettel und Stift wären in Ordnung.
Obdachlos sei sie nicht, aber mit ihrer Rente käme sie einfach nicht hin. Dafür hätte sie im Leben zu wenig gearbeitet. Sie wollte, aber irgendwie haben sich die Dinge dann doch immer anders entwickelt: Sie heiratet jung. Als ihr Mann sie zu schlagen beginnt, nimmt sie ihre zwei kleinen Töchter und verlässt ihn. Als alleinerziehende Mutter ohne Berufsausbildung findet sie keine Arbeit und entscheidet sich dafür, das Abitur nachzuholen und zu studieren. Verfahrenstechnik. Jeden Tag pendelt sie lange Stunden zur Uni hin und zurück. Irgendwann in dieser Zeit verliert sie ihr Hab und Gut, weil die Elbdeiche dort, wo sie mit ihren Kindern lebt, bei einer Sturmflut nicht halten und das Haus unbewohnbar wird.

Kurze Unterbrechung. Sylvias Wartenummer wird aufgerufen und sie eilt zur Pediküre. „Danach erzähle ich Euch die Geschichte weiter."
Während Mats und ich noch die letzten Sätze verarbeiten, setzt sich Georg auf den leer gewordenen Platz. Ein Österreicher, der vor vielen Jahren nach Hamburg gekommen ist – ursprünglich in der Gastronomie tätig, später dann als Buchhalter. Heute: alleinstehend, arbeitslos, zu jung für die Rente. Er macht sich keine Illusionen mehr. „Wenn ein Arbeitgeber sieht, wie alt ich bin, legt er meine Bewerbung gleich wieder beiseite." Wie er von dem Wohlfühlmorgen erfahren hat? Bei der Kulturloge gab es Flyer und Plakate mit entsprechenden Ankündigungen. Uns sagt die Kulturloge nichts, und er erklärt: Dort bekommt man Tickets für Konzerte und Theater, entweder vergünstigt oder ganz umsonst. Tolle Einrichtung!
Ein kräftiger Herr mit tiefer Stimme und Gehhilfe setzt

„Obdachlos sei sie nicht, aber mit ihrer Rente käme sie einfach nicht hin."

sich dazu und stimmt zu. Er würde auch regelmäßig Karten beziehen, das funktioniere reibungslos. Auf dem Wohlfühlmorgen sei er schon das 5. oder 6. Mal. Das Frühstück sei ihm gar nicht das Wichtigste. Zu viel Stress ums Essen. Auch er ist wegen der Angebote im 1. Stock hier. Er sei ja aus Eilbek „hier um die Ecke", die Mieten in der Schanze, seinem früheren Kiez, könne sich ja kein Mensch mehr leisten. Viele kämen ja extra aus St. Pauli hierher zum Wohlfühlmorgen, bestimmt die Hälfte, wenn nicht mehr. Sylvia kommt zurück und geht mit Mats rüber zu den Friseuren, um ungestört weiter zu erzählen. Ich bleibe noch einen Moment bei den beiden Herren und komme dann nach.

Sylvias Tochter heiratet ebenfalls jung und stirbt kurz darauf tragisch bei einem Verkehrsunfall. Es braucht Jahre, bis sich Sylvia von diesem Schlag erholt und wieder Lebenswillen zeigt. Sie trifft einen Mann, alles scheint endlich auf einem guten Weg, bis auch er schwer mit einem Auto verunglückt.

Sylvia erzählt in vielen Einzelheiten über diese und über weitere Begebenheiten, die ihr Leben geprägt haben. Sie betont, dass sie das in der Form nicht sofort jedem auf die Nase binden würde. Auch nicht ihren Freundinnen, mit denen sie seit neuestem regelmäßig schwimmen gehe, um fit zu bleiben. Und dann fängt sie an, sich für uns zu interessieren: Was ich beruflich mache, wie alt Mats ist und wo er zur Schule geht. Zum Schluss gibt sie uns noch einen wichtigen Rat mit auf den Weg:

Man muss gut in der Schule sein und sich um eine gescheite Berufsausbildung kümmern. Dann hat man bessere Aussichten, sein Leben erfolgreich in die Hand zu nehmen und nicht von anderen abhängig zu sein.

Dag Perslow & Mats Gaertner – Vater und Sohn

SCHÜLERSTIMMEN SANKT-ANSGAR-SCHULE

1

„Bevor ich in der Sankt-Ansgar-Schule angekommen bin, habe ich an der U-Bahn-Haltestelle ‚Lübecker Straße' auf einige Mitschüler gewartet. Beim Warten bin ich mit einem Mann ins Gespräch gekommen, der nach Feuer gefragt hat. Er meinte, dass auch er obdachlos sei, jedoch eine Wohnung gefunden habe, die er bald bezahlen kann. Er meinte, dass er drogen- und alkoholabhängig sei, obwohl er und seine Frau bald ein Kind erwarten. Nach dem Gespräch war er glücklich, weil er lange nicht mehr über das Thema mit jemandem habe sprechen können. Als er gegangen ist, hat er geweint."

2

„Ich habe viele Geschichten von den Leuten gehört, über die man viel Nachdenken kann."

3

„Diese Aktion sollte niemals abgeschafft werden. Die Obdachlosen verdienen es, zumindest einen Vormittag lang wie Könige behandelt zu werden."

4

„Ein Lächeln ist mehr wert als jedes Geld auf dieser Welt."

HÄNDEDRUCK MIT FOLGEN

Der erste Wohlfühlmorgen steht mir bevor, denn noch nie habe ich unmittelbaren Kontakt zu Obdachlosen gehabt.

Auf der Fahrt zur Sankt-Ansgar-Schule schießen mir vielfältigste Gedanken durch den Kopf. Wie mag das wohl gehen – so viele notleidende Menschen auf einem Haufen? Wenn es nicht genug zu essen geben sollte: Wie mögen die Menschen reagieren? Kommen überhaupt Menschen? Wie verkraften unsere Helfer diesen Anblick? Sind die alle betrunken? Können die noch mit Messer und Gabel umgehen? Werden die sich prügeln?

Aber die für mich bedeutendste Frage betraf mich selber, denn ich spürte eine unglaubliche Hemmschwelle in mir. Bei meiner Ankunft an der Ansgar-Schule war keine der Fragen beantwortet und unsicheren Schrittes bewegte ich mich in das Gebäude. Einige Gäste hatten sich schon vor der Tür versammelt, ich war mit meiner Malteserjacke eindeutig als Mitorganisator zu erkennen.

Und nun passierte exakt das, was ich eigentlich vermeiden wollte: Einer der Wartenden streckte mir seine wirklich sehr verdreckte Hand hin und sagte laut und vernehmlich: „Danke, dass Ihr das für uns macht!" Ich nahm die Hand wie selbstverständlich entgegen, erfreute mich an seinem Dankeschön. Und: Meine Hemmschwelle lag in seiner Hand, die hat er mir gleich aus meiner Hand genommen! Die war ab diesem Zeitpunkt einfach weg, hurra! Dafür bin ich ihm noch heute dankbar.

Alle anderen Fragen und Bedenken, die mir auf der Hinfahrt durch den Kopf gingen, lösten sich während dieses Tages ausnahmslos in Luft auf. Und auf der Rückfahrt habe ich, dankbar über jede Begegnung, nachgedacht. Aber die erste Begegnung, die vor der Tür, die habe ich noch als Foto im Kopf. Diese Begegnung hat mich zum absoluten Fan vom Wohlfühlmorgen gemacht. Eine kleine Geste hat bei mir eine Welle ausgelöst!

Der 6. Wohlfühlmorgen stand an. Ich bin mit großer Freude in mein Auto gestiegen und fuhr fröhlich singend zur Sankt-Ansgar-Schule. Denn ich freute mich auf die Begegnungen mit den Menschen.

Kurz nach meiner Ankunft herrschte etwas Chaos, denn es waren mehr Gäste gekommen, als wir erwartet hatten. Durch schnelles Handeln, etwas Improvisation und verständnisvolle Gäste löste sich die etwas angespannte Situation, denn unsere Gäste haben uns geholfen, noch weitere Tische und Stühle heranzubringen. Bei dieser

> „Eine kleine Geste hat bei mir eine Welle ausgelöst!"

Aktion beobachtete ich einen älteren Herrn, der sich ganz in Ruhe an einen Platz in einer Ecke gesetzt hatte. Er beobachtete von seinem Platz das Treiben um sich herum und wartete sehr geduldig darauf, dass Ruhe eintreten möge, und darauf, dass das Frühstück serviert wird. Er strahlte eine innere Ruhe aus und machte auf mich den Eindruck, dass er ganz zufrieden sei. Ich setzte mich neben ihn und kam mit ihm ins Gespräch. Er musterte mein Namensschild und fragte, ob er mich denn richtig ansprechen dürfe. Er sprach mit leiser, aber fester Stimme. Seine Stimme hatte einen sehr sympathischen Klang, ein tiefer wohlklingender Bass. Ich schaute in sein gutes, aber von tiefen Furchen gezeichnetes Gesicht. Und nun war ich gespannt, was er denn wohl als „richtig" empfinden würde. Er stand auf, reichte mir seine Hand und sprach: „Durchlaucht, schön, dass ich einen Vertreter einer solch bedeutenden Familie hier treffen darf."

Ich war überrascht, denn er benutzte eine Anrede, die in Zeiten der Monarchie üblich, aber seit 1918 nicht mehr gebräuchlich war. Erstaunt schaute ich ihn an und sagte ihm dies, aber er ließ sich nicht davon abbringen. Aufgrund meiner Nachfrage erläuterte er mir, dass eine Familie wie unsere, mit den Verdiensten über Jahrhunderte, weiterhin auf diese Anrede ein Anrecht habe. Und dann berichtete er sehr detailgenau von meiner Familiengeschichte und ich erfuhr so manches mir bis dato Unbekannte. Er hatte sich dieses Wissen angelesen, da er geschichtlich interessiert ist. Im Winter gehe er gern in die Staatsbibliothek, dort ist es warm und er könne sich dort geistig fit halten und weiterbilden. Andere würden dann unter Brücken campieren und versuchen, sich mit Alkohol warmzuhalten. Er aber bevorzuge das geistige Training.
Ich habe mich lange mit diesem Gast unterhalten, über politische Themen, über Geschichtliches und über Begebenheiten, die ihn bewegten. Ich muss zugegeben, dass ich meinen eigentlichen Dienst vernachlässigt und mich nur um diesen einen Gast gekümmert habe.

Aber stimmt das eigentlich? Hat nicht vielmehr er sich um mich gekümmert? Hat er nicht dafür gesorgt, dass ich mein Vorurteil, Obdachlose seien einfache und ungebildete Menschen, begraben musste?
Für diese Erkenntnis bin ich diesem Gast unendlich dankbar. Sie hat dazu geführt, dass ich noch vorbehaltloser auf Menschen zugehen kann. Wir freuen uns immer, wenn wir uns in der Stadt begegnen.

Philippe Prinz von Croÿ

5
„Armut verändert Menschen. Wir sollten schätzen, was wir haben."

6
„Ich habe erfahren, dass es ein gutes Gefühl ist, Menschen zu helfen, die es nötiger haben als ich."

7
„Die meisten Leute waren sehr nett und auch dankbar. Die meisten Gäste haben mit einem strahlenden Lächeln die Schule verlassen."

8
„Danke, dass ich diese Erfahrung machen durfte."

9
„Der Hamburger Wohlfühlmorgen sollte auf jeden Fall weiter stattfinden!"

10
„Ich habe gelernt, dass man mit Kleinigkeiten andere Menschen glücklich machen kann."

- 3 Eimer gekochte Eier
- 12 Ringe Leberwurst
- 30 Bündel Schnittlauch
- 3 Kartons Butterrosetten
- 10 Liter Joghurt „Natur"
- 44 Camembert
- 5 kg Salami
- 12 kg Aufschnitt
- 2 Kisten Mini-Muffins
- 6 kg Fleischsalat
- 2 kg Kräuterkäse
- 24 Liter Kaffeesahne
- 25 Liter Fruchtjoghurt
- 72 Liter Milch
- 2 Eimer Marmelade
- 1,2 kg Schinken (gekocht)
- 40 kg Obstsalat
- 3 Großpackungen Honig
- 15 Seiten Räucherlachs
- 16 kg Käseaufschnitt

1 Großpackung Becel

240 Franzbrötchen

300 Croissants

2 Eimer Rollmöpse

7 kg Makrele geräuchert

1 Karton Zucker

3 Kartons Fruchtsaft

12 Brote geschnitten

650 Brötchen

3 Großpackungen Frischkäse

3 kg Brennnesselkäse

RENAISSANCE
HOTEL
BUFFET
ÜBERBLICK

VERANSTALTER

Alimaus/Hilfsverein St. Ansgar e.V.
Caritasverband für Hamburg e.V.
Malteser Hilfsdienst e.V.
Sankt-Ansgar-Schule
Sozialdienst Katholischer Frauen e.V. Hamburg-Altona

FÖRDERER

Berendsen	GRG – Die Gebäudereiniger	Menschenbilder
Bild	Hamburger Spendenparlament	Papier Union
Budnianer Hilfe e. V.	Hilf Mahl!	Renaissance Hotel
CommCompany Werbeagentur	Hinz&Kunzt	Stiftung Füreinander
Ernst&Young	Margrit Bauer Stiftung	Wahring & Company

IMPRESSUM

Jutta Spohrer fotografiert:
Hamburger Wohlfühlmorgen für Wohnungslose und Arme

© 2014 Hamburg

Fotos
Jutta Spohrer
22299 Hamburg
www.spohrer-menschenbilder.de

Herausgeber
Malteser Hilfsdienst e. V., Hamburg
Eichenlohweg 24, 22309 Hamburg
Telefon (040) 2094-0815
www.malteser-hamburg.de

Gestaltung & Design
Nora Lehmann
www.behance.net/LehmannNora
Rita Lembrecht
www.behance.net/LembrechtRita

CommCompany GmbH
22761 Hamburg
www.commcompany.com

Lektorat
Ute Hauswerth
22529 Hamburg
www.hauswerth.de

Redaktionsteam
Jutta Spohrer
Nora Lehmann
Rita Lembrecht
Christian Budde, Malteser
Sabine Wigbers, Malteser
Michael Hansen, Caritas
Matthias Maschlanka, CommCompany
Birgit Masuch, CommCompany

Papier
inapa infinity gloss 150 g/qm
inapa infinity silk 150 g/qm

PAPIER UNION
20354 Hamburg
www.papierunion.de

Druck
Beisner Druck GmbH & Co. KG
21244 Buchholz
www.beisner-druck.de

Alle Rechte vorbehalten. Dieses Buch oder Teile dieses Buches dürfen nicht ohne schriftliche Genehmigung des Herausgebers/der Fotografin vervielfältigt, in Datenbanken gespeichert oder in irgendeiner Form übertragen werden. Alle Rechte an den Fotos liegen bei der Fotografin.

SPENDENKONTO

Sie möchten den Hamburger Wohlfühlmorgen unterstützen?

Der Hamburger Wohlfühlmorgen ist ein ehrenamtlich getragenes Projekt und auf finanzielle Unterstützung angewiesen.

Wenn Sie uns bei der Realisierung zukünftiger Veranstaltungen für Wohnungslose und Arme unterstützen möchten, freuen wir uns über jede kleine oder größere Spende.

Herzlichen Dank!

Spendenkonto:

Malteser Hilfsdienst e. V., Hamburg

Pax-Bank

IBAN: DE72 3706 0120 1201 2240 19

BIC: GENODED1PA7

Stichwort: Wohlfuehlmorgen